Género Cuento folclórico

I0794512

Pregunta esencial

¿Qué pueden hacer los animales con su cuerpo?

Pequeño pero listo

Versión de Benjamín Rossi

Ilustrado por Natalia Vasques

LECTURA COMPLEMENTARIA

Hace mucho tiempo había un río formidable. A los animales les encantaba beber en él.

Un día, el toro se puso a beber. Bebió y bebió sin parar.

Dos carpinchos miraban.

—¿Qué se trae el toro? ¡Se va a beber toda el agua! —dijeron, muy asustados.

Tres ratones también miraban.

—¡Que nos deje un poco de agua!
—dijeron.

Ocho peces se asomaron.

—¿Y ahora qué? ¡No podemos vivir sin agua! —dijeron.

Los peces llamaron urgente a los carpinchos.

—Por favor —pidieron los peces—, ¡echen al toro!

—Aunque queramos, no podemos. ¡Es enorme! —dijeron los carpinchos.

—Yo puedo ayudarlos —dijo un mosquito.

—¡Eres muy chiquito para echar al toro de aquí! —dijeron los animales entre risas.

—¿Les muestro cómo? —dijo el mosquito.

—¡Sí! —dijeron los animales.

El mosquito se posó encima del toro. Esperó unos minutos y lo picó en la pata de atrás. El toro pateó el suelo. Entonces, el mosquito lo picó una vez más.
El toro pateó tan fuerte que el suelo se abrió. El toro se asustó tanto que se fue corriendo y nunca volvió.

El mosquito estaba orgulloso.

—El chiquito puede más que el grande si es más listo —dijo.

Los animales saltaban contentos.

Respuesta a la lectura

Volver a contar

Vuelve a contar *Pequeño pero listo,* en orden, con tus propias palabras.

Primero
Después
Luego
Al final

Evidencia en el texto

1. ¿Qué animales hablan primero?
   Orden de los sucesos

2. ¿Qué pasó después de que el mosquito picó al toro una vez más?
   Orden de los sucesos

3. ¿Cómo sabes que *Pequeño pero listo* es un cuento folclórico? **Género**

Género **No ficción**

Compara los textos

Lee para aprender sobre otros animales que son pequeños pero listos.

Caracoles: pequeños, lentos y babosos

¿Alguna vez viste un caracol? Los caracoles están entre las criaturas más lentas de la Tierra. Pero ¡son muy asombrosos!

Caracoles

¿Dónde viven?	¿Cómo comen?

Los caracoles tienen un caparazón duro que les sirve para esconderse. Les gusta refugiarse bajo las rocas o en los árboles. ¿Sabías que también pueden vivir en el agua? Algunos caracoles incluso tienen branquias. ¡Sí! ¡Como los peces!	Los caracoles no tienen dientes como los nuestros. ¿Cómo comen, entonces? La mayoría tiene una lengua larga y delgada. Esta lengua tiene unos dientes diminutos y filosos. Con la lengua, deshacen su alimento.

¿Cómo se mueven?

Los caracoles dejan una baba al desplazarse. Esta baba les protege el cuerpo ¡Los caracoles pueden moverse de cabeza! ¿Lo sabían?

¿Cómo ayudan?

Los caracoles son importantes. Muchos se alimentan de plantas muertas. Eso ayuda a que nazcan nuevas plantas. Este proceso mantiene saludable a nuestro planeta. ¡Gracias, caracoles!

Haz conexiones

¿Qué aprendiste acerca de los animales pequeños a partir de ambas selecciones? **El texto y otros textos**

Enfoque:
Género

Cuento folclórico Un cuento folclórico es un relato basado en tradiciones. A menudo, los cuentos folclóricos enseñan una lección. Los sucesos en la historia no son reales.

Lee y descubre El mosquito dice: "El chiquito puede más que el grande si es más listo". La lección de este cuento es que no es necesario ser grande para lograr nuestros objetivos. Los animales del cuento hablan, mientras que los reales, no.

Tu turno

Crea un cuento acerca de otro animal especial. Dibuja y escribe lo que puede hacer.